サイパー 国語 読解の特訓シリーズ シリーズ二十九

文の組み立て特訓
主語・述語専科

難易度　易 1 2 3 4 5 難　受験

もくじ

「主語・述語専科」について・・・・・・・・2
このテキストのつかい方・・・・・・・・・3

述　語 ──────────── 4
　　問題一 ------------------ 4
　　問題二 ------------------ 10
主　語 ──────────── 12
　　問題三 ------------------ 16
　　テスト１ --------------- 22
主語・述語 ──────── 24
　　問題四 ------------------ 25
長い文 ──────────── 27
　　問題五 ------------------ 28
　　テスト２ --------------- 38
　　問題六 ------------------ 40
　　テスト３ --------------- 50
解　答 ──────────── 52

M.access　　　　　－1－

「文の組み立て特訓　主語・述語専科」について

　「文の組み立て特訓」は、言葉のかかり方（修飾・被修飾の関係）を徹底して学習することで、文意を正確に読み取る力を養い、国語力を向上させることを目的としたテキストです。

　このテキスト「文の組み立て特訓　主語・述語専科」は、修飾・被修飾の関係の中で、特に主語と述語の関係について、学習するテキストです。（日本語において主語は、所有格、目的格などと並んで、主格という格の一つであるという文法上の考え方もあり、それは非常に納得するところもあるのですが、ここではあえて「主語・述語」という表記で、この関係について学習する教材としました。修飾・被修飾の関係を理解したい方は、サイパー国語読解の特訓シリーズ「シリーズ一　文の組み立て特訓」「シリーズ三十　修飾・被修飾専科」をお勧め致します。）

　対象は、およそ小学生の中学年以上と想定しています。学年によっては、まだ習わない漢字も使われていますが、がんばって覚えながら学習するようにしましょう。

　このテキストは読解力を高める事を第一の目的としたテキストで、文法の学習書ではありません。従って、問題文はおよそ文節で区切ってはいますが、文法上の文節と必ずしも一致するものではありません。
　また「？」は、本来日本語の表記には使わない記号ですが、疑問文であることを明確にするために、本書では使用しています。

　難しいと思われる問題についても、ヒントをあげていただくようでしょう。ただしいずれの場合も、子どもに達成感を持たせるために、各問、最後は子どもに答えさせるようなヒントにして下さい。

このテキストのつかい方

　このテキスト「文の組み立て特訓　主語・述語専科」は、文の構成を学びながら、読解力を高めるためのテキストです。

　同じ方針で作られているテキストにサイパー国語読解の特訓シリーズ「シリーズ１　文の組み立て特訓」「シリーズ十六～十八　新・文のならべかえ特訓」「シリーズ三十　修飾・被修飾専科」などがあります。こちらも参考にして、学習をすすめましょう。

　難しくて解けない問題は、とばしてもかまいません。またお父さんやお母さん、お兄さん、お姉さん、学校の先生などにヒントをもらってもらってもらいましょう。

　ではさっそく始めましょう。楽しみながら解いていって下さい。

■主語（しゅご）と述語（じゅつご）

◆**述語**…述語とは、文の中で、結論を表す言葉のことです。述語になれる言葉は、大きく三つの種類があります。

ア、「…する」「…した」「…している」「…していました」など、**動作**を表す語。

例、走る、笑った、見ている、喜びます、歌いましたが、食べていましたなど

イ、色、形、気持ちなど、ものや自然の**様子**や、人の**気持ち**などを表す語。

例、美しい、楽しかった、さわやかだろう、きれいですが、赤くない、大きい、長かった、などなど

ウ、ものや様子、動作などの**名前**を表す語。

例、「えんぴつ」「ボールです」「机だ」「富士山だろうか」「太郎ですか」「動きだ」「美しさでした」など

問題一、次の文の中から、述語を見つけ、書きぬきなさい。

1、鳥が　鳴く。

2、犬が　ほえる。

3、太郎が　走っている。

問題一、4〜15　　　　　　　　　　　年　　月　　日

4、太陽が　輝いている。

5、くつを　はきます。

6、ぼうしを　ぬぎます。

7、風が　ふいています。

8、友だちが　よんでいます。

9、弟が　さわいだ。

10、東京へ　行った。

11、花が　さいていた。

12、野球を　していた。

13、いすに　すわりますか。

14、雪が　つもっていますか。

15、映画を　見ましたか。

問題一、16〜27

16、花子に 会いましたか。

17、勉強を していましたか。

18、漢字を 書いていましたか。

19、自転車に のらない。

20、いたずらは しない。

21、ろうかで さわぎません。

22、川で 泳ぎません。

23、早く 起きなかった。

24、空きかんを すてなかった。

25、木の葉が 散っていなかった。

26、舟を こいでいなかった。

27、ボールを けっていませんでした。

問題一、28〜39

28、家を 建てて いませんでした。

29、山は 高い。

30、雪が 白い。

31、都会は はなやかだ。

32、バラが 赤かった。

33、海は 広かった。

34、朝は さわやかだった。

35、中国は 遠くない。

36、湖は 黒くない。

37、私は 悲しくない。

38、マンガが おもしろくなかった。

39、授業は 長くなかった。

問題一、40〜50

40、足どりが 軽やかでなかった。

41、パンが おいしくありませんでした。

42、旅行が 楽しくありませんでした。

43、ケーキが やわらかくありませんでした。

44、ぼくは 三郎だ。

45、あれは 富士山だ。

46、あの町が ふるさとです。

47、これが 幸せです。

48、あれは 夢だった。

49、新潟は 雪国だった。

50、大切なのは 努力でした。

問題一、51〜55

51、あなたは 医者でした。

52、それは うそではない。

53、今日は 雨ではなかった。

54、あなたは 先生ではありません。

55、ぼくは 優秀ではありませんでした。

以上からわかるように、普通、述語は文の一番最後に来ます。しかし、そうでない場合もあります。

例、散ってしまった 白い 花びらは。

この文の述語は、「散ってしまった」です。このように、述語が文の最後に来ない場合もあります。（こういう文の書き方を「倒置法（とうちほう）」といいます）

また、次のような文もあります。

例、あれ お母さんは？

この文の述語は、省略されてありません。本来なら「どこへ行ったの？」などという述語があるはずですが、省略されて消えてしまっています。

問題三、1〜11

問題三、次の文から述語を見つけ、書きぬきなさい。述語がない場合は「×」を書きなさい。

1、ゆり子の 望みは？

2、象の 鼻は 長いな。

3、長崎だよ 次の 目的地は。

4、あれ さっきの かもめは？

5、本を 読んでいたのは だれ？

6、君は 買いましたか おやつを。

7、ごはんを 食べるの あなたは？

8、君に 必要なのは 思いやりだ。

9、清らかでない 悪人の 心は。

10、気持ちが とても しずんでいる。

11、あなたが かけていた めがねは？

問題三、12〜21

12、部屋で 泣いていますか 次郎は。

13、さっきまで 聞いていた 音楽は？

14、いなかの 写真が どうでしたか。

15、飲みたいのは どんな 水ですか。

16、ぼくの 趣味だったなあ 読書は。

17、太郎は 飲まないね ジュースを。

18、赤ちゃんが 笑ったね にこやかに。

19、ごみが 落ちていますよ 道ばたに。

20、みんな 遠足は どうだっただろうか。

21、だれですか 大声で 歌っているのは。

問題三、22～25

22、どうしてしまったの 君の 自動車を。

23、おじさんの かばんは どんなだった？

24、すこやかではありませんでした 植木の 成長が。

25、私が 見たのは ゆうれいではありませんでした。

◆**主語**…主語とは、文の**述語の主体**（「…は」、「…が」、「…も」などで表される）を示す言葉のことです。

ですから、まずは述語を見つけて、その述語の主体を探すと、主語が正しく見つけられます。

例例例例
例ウイア
ウ、父は 医者だった。
イ、きのう ぼくは 図書館で 読書した。
ア、山の 景色が 美しい。

1、例ア 述語は何でしょう。
 例ア 述語は「美しい」
 例イ 述語は「読書した」
 例ウ 述語は「医者だった」ですね。

2、次に、その述語の主体を考えます。

例ア「読書した」のは「だれ（なに）？」だと考えてみましょう。頭の中で「だれが読書した？」と考えてください。「ぼくは」ですから、この文の主語は「ぼくは」になります。

例イ「美しい」のは「なに（だれ）」ですか。「景色が」ですから、この文の主語は「景色が」になりました。

ここで、主語を「山」と答えた人はいませんか。「何が『美しい』のか」を考えた時、「山が→美しい」と考えることができますもあるでしょう。正確にはできませんので、「山」ですね。しかし、文中には「山が」ではなく「山の」ですね。「山の→美しい」ことになり、「山」は主語ではないことになります。

例ウ「医者だった」のは「だれ（なに）」ですか。「父は」ですから、この文の主語は「父は」です。

例エ　ぼくは　きのうは　勉強しなかった。

これは主語は「ぼくは」だがね。「『…は』が主語だ」と丸暗記してしまっている人がよくいます。「きのうは」を主語としてしまう人がいるのですね。

まず述語を探しましょう。述語は「勉強しなかった」ですが、「だれが→勉強しなかった」のかを考えると、「ぼくが→勉強しなかった」ですから、「ぼくは→勉強しなかった」の「ぼくは」が主語だとわかります。

例エの主語は「ぼくは」です。

練習１～三　　　　　　　　　　　年　月　日

練習一、あしたは 私は 勉強する。
主語 [　　　　　　　］　　述語 [　　　　　　　］

例オ、きのうは しっかり 勉強した。

これの主語が「きのう」ではないことは、もうわかりますね。正しく順に考えてみましょう。

まず述語を探します。述語は「勉強した」ですね。次に、その主体を探します。だれが（なにが）『勉強した』のかが書いてありますか。だれが勉強したのか書いてありません。つまりこの文の主語はありません。省略されているのです。述語の場合と同じように、主語も省略されることがあります。

練習二、今度は がんばって 走るぞ。
主語 [　　　　　　　］　　述語 [　　　　　　　］

例カ、太郎こそ 村の 勇者だ。
例キ、四国へは あなたも 出かけますか。

例カの述語は「勇者だ」です。だれが「勇者」ですか。「太郎」ですね。ですから、例カの主語は「太郎こそ」です。

例キの述語は「出かけますか」です。だれが「出かけ」るのですか。「あなた」ですね。ですから、例キの主語は「あなたも」です。

練習三〜四　　　　　　　　年　月　日

「…は」「…が」という形ではない語が主語になっていて、「…は」「…が」だけが主語ではないので、注意してどちらも主語です。

か見分ける目安として、多くは「…が」と言いかえられる語は主語です。「…が」でなくても、「…が」と言いかえられる語は、多くは主語です。

例カ、太郎が　村の　勇者だ。
　　太郎こそが　村の　勇者だ。

例キ、四国へは　あなたが　出かけますか。
　　四国へは　あなたもが　出かけますか。

練習三、花子こそ　クラスの　美人だ。
主語 [　　　　　　]　　述語 [　　　　　　]

練習四、桜も　植物の　一種です。
主語 [　　　　　　]　　述語 [　　　　　　]

練習の答

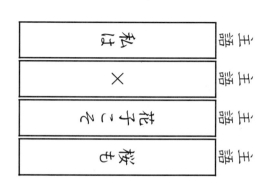

M.access　　　　　－15－　　　　主語・述語専科

問題三 次の各文から主語・述語を見つけ、書きぬいて答えなさい。ただし、ない場合は「×」を書きなさい。

1、鳥が 空を 飛ぶ。
　主語　　　　　　　　　　　述語

2、さっきまで 聞いていた 音楽は？
　主語　　　　　　　　　　　述語

3、赤ちゃんが すやすやと 眠っている。
　主語　　　　　　　　　　　述語

4、太陽が きらきらと 輝いている。
　主語　　　　　　　　　　　述語

5、くつを ちゃんと そろえよう。
　主語　　　　　　　　　　　述語

6、日本海の 絵は どうでしたか。
　主語　　　　　　　　　　　述語

7、すずしい 風が ふいていました。
　主語　　　　　　　　　　　述語

8、父は 飲まないよ ビールを。
　主語　　　　　　　　　　　述語

問題三、9〜17

9、弟が 急に 泣き出した。
主語　　　　　　　　　　述語

10、いつ 沖縄へ 行きましたか。
主語　　　　　　　　　　述語

11、かわいい 花が さいていた。
主語　　　　　　　　　　述語

12、野球を していたのは だれですか。
主語　　　　　　　　　　述語

13、どうぞ いすに おかけ下さい。
主語　　　　　　　　　　述語

14、北海道には 雪が つもっていますか。
主語　　　　　　　　　　述語

15、もっと 映画を 見ましたね。
主語　　　　　　　　　　述語

16、赤ちゃんが 笑ったね にこやかに。
主語　　　　　　　　　　述語

17、かならず 勉強を しなさい。
主語　　　　　　　　　　述語

問題三、18～26　　　　　年　月　日

18、きのうは　漢字を　練習した。
　主語 [　　　　　]　述語 [　　　　　]

19、お金を　落としましたよ　足下に。
　主語 [　　　　　]　述語 [　　　　　]

20、ぼくは　いたずらは　しないよ。
　主語 [　　　　　]　述語 [　　　　　]

21、妹の　ゆり子の　望みは？
　主語 [　　　　　]　述語 [　　　　　]

22、今日は　彼女は　はなやかだ。
　主語 [　　　　　]　述語 [　　　　　]

23、今日は　すっかり　雨だった。
　主語 [　　　　　]　述語 [　　　　　]

24、山では　空きかんを　すてない。
　主語 [　　　　　]　述語 [　　　　　]

25、だれですか　大声で　話しているのは。
　主語 [　　　　　]　述語 [　　　　　]

26、あなたは　ゆり子に　会いましたか。
　主語 [　　　　　]　述語 [　　　　　]

問題三、27〜35

27、部屋では ぼうしを ぬぎなさい。
主語 □　述語 □

28、決して 自転車には のりません。
主語 □　述語 □

29、あの 山は 高い。
主語 □　述語 □

30、つもった 雪が 白い。
主語 □　述語 □

31、あれ 学校の 宿題は？
主語 □　述語 □

32、新しい バラが 青かった。
主語 □　述語 □

33、岡山だよ 君の 目的地は。
主語 □　述語 □

34、高原の 朝は さわやかだった。
主語 □　述語 □

35、本を 読んでいたのは だれ？
主語 □　述語 □

問題三、36〜44　　　　　　　　　年　月　日

36、それは もっと うそでは ない。
主語 [　　　　　　] 述語 [　　　　　　]

37、私は 今は 悲しくない。
主語 [　　　　　　] 述語 [　　　　　　]

38、ぼくは 歩きました 山道を。
主語 [　　　　　　] 述語 [　　　　　　]

39、授業は 決して 長くなかった。
主語 [　　　　　　] 述語 [　　　　　　]

40、ぼくの 足どりが 軽やかでなかった。
主語 [　　　　　　] 述語 [　　　　　　]

41、青い バナナが おいしくありませんでした。
主語 [　　　　　　] 述語 [　　　　　　]

42、あなたが 持っていた ハンカチは？
主語 [　　　　　　] 述語 [　　　　　　]

43、この ケーキは やわらかくありませんでした。
主語 [　　　　　　] 述語 [　　　　　　]

44、ぼくは 去年まで 学生だった。
主語 [　　　　　　] 述語 [　　　　　　]

問題三、45〜53

45、あの 湖は 琵琶湖ですか。
主語 [　　　　　] 述語 [　　　　　]

46、弟の 買い物は どうだったろうか。
主語 [　　　　　] 述語 [　　　　　]

47、これが 私の 幸せです。
主語 [　　　　　] 述語 [　　　　　]

48、あれは おそろしい 悪夢だった。
主語 [　　　　　] 述語 [　　　　　]

49、部屋で 泣いていますが 次郎は。
主語 [　　　　　] 述語 [　　　　　]

50、私たちに 大切なのは 努力だ。
主語 [　　　　　] 述語 [　　　　　]

51、向こうで 友だちが さわいでいる。
主語 [　　　　　] 述語 [　　　　　]

52、大きな ライオンが ほえる。
主語 [　　　　　] 述語 [　　　　　]

53、にぎやかだね 昼間の 大通りは。
主語 [　　　　　] 述語 [　　　　　]

テスト１〜５

テスト１、次の各文から主語、述語を見つけ、書きぬいて答えなさい。ただし、ない場合は「×」を書きなさい。
（各５点×20）

□点（合格80点）

１、桜の お祭りが はなやかだ。
主語　　　　　　　述語

２、はなやかな 紅葉が 美しい。
主語　　　　　　　述語

３、美しい あの 花は？
主語　　　　　　　述語

４、花こそ 人を 楽しませる。
主語　　　　　　　述語

５、楽しみの よいんも 続いている。
主語　　　　　　　述語

テスト・6〜10　　　　　　　　　　年　月　日

6、どれが あなたの 好みですか。
主語 [　　　　　　　]　述語 [　　　　　　　]

7、あなたの 好みは どれですか。
主語 [　　　　　　　]　述語 [　　　　　　　]

8、もう 来たかなあ 太郎君は。
主語 [　　　　　　　]　述語 [　　　　　　　]

9、晴れた日は 外で 遊ぼう。
主語 [　　　　　　　]　述語 [　　　　　　　]

10、ねえ わたしの おやつは？
主語 [　　　　　　　]　述語 [　　　　　　　]

◆主語・述語

練習五、大きな 飛行機が 離陸するのを 見ました。

これの主語はなんでしょうか。

「飛行機が」が主語のように思いませんか。でも、それはまちがいです。あくまでも**文の述語から考えて主語を探す**ようにしましょう。

最後にこの文の述語は「見ました」です。（述語は、ふつうはこの文のように文末にきます）したがって、この文には「見た」人は明記されていません。ですからこの文の主語はありません。

では、「飛行機が」は何なのでしょうか。

仮に「飛行機が」を主語とすると、その述語は何になりますか。「『飛行機が』どうなの？」と考えるとわかります。もちろん「飛行機が→見ました」ではおかしいと考えられます。（「飛行機」が何かを見たのではありません）

「飛行機」は「離陸」したのですから、もし「飛行機が」を主語と考えると、その述語は「離陸する（のを）」になります。

しかし、「飛行機が→離陸する」は、主語・述語の関係になっていることはこの文の一部分に主語・述語（のような）ものが入っているだけで、この文の主語・述語ではないと考えます。

練習六〜問題四の3　　　　年　月　日

練習六、大きな 飛行機が 離陸するのを 私は 見ました。
主語 [　　　　　　　　　　] 述語 [　　　　　　　]

練習七、雨が、まるで 人が 泣いているように 降っている。
主語 [　　　　　　　　　　] 述語 [　　　　　　　]

練習の答
六　主語 [飛行機が] 述語 [見ました] 主語 [私は]
七　主語 [雨が] 述語 [降っている]

問題四、次の各文から主語・述語を見つけ、書きぬいて答えなさい。ただし、ない場合は「×」を書きなさい。

1、母が 道で 出会った 人は、母の 友人だ。
主語 [　　　　　　　　　　] 述語 [　　　　　　　]

2、川の 中で コイが 泳いでいるのが 見えた。
主語 [　　　　　　　　　　] 述語 [　　　　　　　]

3、父が 会社に ついたら、大切な 電話が かかってきた。
主語 [　　　　　　　　　　] 述語 [　　　　　　　]

問題四、4〜10

4、くまの赤ちゃんが生まれた その動物園は とても人気がある。

主語 □　　述語 □

5、タレントが 着ている 洋服は 評判が 高い。

主語 □　　述語 □

6、ぼくたちが 乗った 電車は とても 速かった。

主語 □　　述語 □

7、私が 買った 本には 良い ことが 書いてあった。

主語 □　　述語 □

8、おじさんが 持っている かばんは すてきだ。

主語 □　　述語 □

9、あれ ぼくが 買ってきた ケーキは？

主語 □　　述語 □

10、昨日は 一日中 道路の 工事の 音が、窓の 外から 聞こえてきた。

主語 □　　述語 □

◆長い文

練習八 私の妹の友だちが持ってきた帽子は、持っているものにたいへん良く似ている。

主語		述語	

文章がどんなに長くなっても、主語・述語の見つけ方は同じです。述語がある場合は、まず述語からさがしましょう。

この文の述語は「似ている」ですね。特に言葉を逆に並べたり（倒置法）されていない場合は、述語は文の最後ですね。

次に主語を探しましょう。「なに（だれが）→似ている」ですか。

もしわかりにくければ、述語一語ではなく述語の部分に前の語をもう少し加えてみるとよいでしょう。例えば

「なに→わたしの ものに 似ている」のですか？

ね。「妹の友だちの帽子」が「わたしのものに似ている」のですですから「妹の友だちの帽子」の部分に主語がふくまれているということです。

「なに？」という質問の答をできるだけ短く「妹の友だちの帽子」から抜き出すとすると、「『帽子』が」ですね。

ですから、練習八の文の主語は「帽子は」となります。

答 | 主語 | 帽子は | | 述語 | 似ている |

M.access - 27 - 主語・述語専科

問題五、1〜8

問題五、次の各文から主語、述語を見つけ、書きぬいて答えなさい。

1、今年の 冬の 気温は どうだろうか。
主語 ［　　　　　　　］　　述語 ［　　　　　　　］

2、だれが ゆうれいを 見たの？
主語 ［　　　　　　　］　　述語 ［　　　　　　　］

3、妹も 姉に 負けずに 努力した。
主語 ［　　　　　　　］　　述語 ［　　　　　　　］

4、それは どこに ありますか。
主語 ［　　　　　　　］　　述語 ［　　　　　　　］

5、人の 話は 静かに 聞く ものだ。
主語 ［　　　　　　　］　　述語 ［　　　　　　　］

6、高そうな 自転車だな それ。
主語 ［　　　　　　　］　　述語 ［　　　　　　　］

7、ぼくの かばんは どれだろう。
主語 ［　　　　　　　］　　述語 ［　　　　　　　］

8、かわいい 猫が のそりと 歩く。
主語 ［　　　　　　　］　　述語 ［　　　　　　　］

問題五、9～17

9、今日は 昼から 雨が 降るそうだ。
主語 [今日は] 述語 [降るそうだ]

10、母の いとこは 有名な 作曲家だ。
主語 [いとこは] 述語 [作曲家だ]

11、船は ボーッと 汽笛を 鳴らした。
主語 [船は] 述語 [鳴らした]

12、日本の 夏は たいへん むし暑い。
主語 [夏は] 述語 [むし暑い]

13、これが 君の 求めていた 答だよ。
主語 [これが] 述語 [答だよ]

14、川が 流れる 音が 耳に 心地よい。
主語 [音が] 述語 [心地よい]

15、とても きれいだよ 今日の 空の 星は。
主語 [星は] 述語 [きれいだよ]

16、梅雨は やっと 日本列島を 行き過ぎた。
主語 [梅雨は] 述語 [行き過ぎた]

17、冬には 白鳥が この 湖に やって来る。
主語 [白鳥が] 述語 [やって来る]

問題五、18〜26　　　　　　　　　年　月　日

18、駅前に できたのは 新しい レストランだ。
主語 [　　　　　　　　　　] 述語 [　　　　　　　　　]

19、私たちが 健康に 注意するのは 当然だろう。
主語 [　　　　　　　　　　] 述語 [　　　　　　　　　]

20、田中君の 妹は いつも にこにこ 笑っている。
主語 [　　　　　　　　　　] 述語 [　　　　　　　　　]

21、とれたての 果物は とても みずみずしい。
主語 [　　　　　　　　　　] 述語 [　　　　　　　　　]

22、先生が 生徒たちの 作文を 読んでいる。
主語 [　　　　　　　　　　] 述語 [　　　　　　　　　]

23、黒い 屋根の 大きな 家が 向こうに ある。
主語 [　　　　　　　　　　] 述語 [　　　　　　　　　]

24、私の 部屋からは 美しい 富士山が 見える。
主語 [　　　　　　　　　　] 述語 [　　　　　　　　　]

25、細やかな こづかいが まりこの 魅力です。
主語 [　　　　　　　　　　] 述語 [　　　　　　　　　]

26、私が 書いた 物語が、世の中に 認められた。
主語 [　　　　　　　　　　] 述語 [　　　　　　　　　]

M.access　　　　　　　　　－30－　　　　　　　主語・述語専科

問題五、27〜35

27、これが ぼくたちの 小学生 最後の 試合だ。
主語: これが　　述語: 試合だ

28、父が 公園で、私が 知らない 人と 話していた。
主語: 父が　　述語: 話していた

29、あなたも 私たちと いっしょに 行きませんか。
主語: あなたも　　述語: 行きませんか

30、美しい 川を 残す ことが、私たちの 使命だ。
主語: ことが　　述語: 使命だ

31、ゆりこも みんなと いっしょに 来るそうだ。
主語: ゆりこも　　述語: 来るそうだ

32、あと 三日で 長かった 休みも 終わる。
主語: 休みも　　述語: 終わる

33、それは 思えば 遠い 昔の ことでした。
主語: それは　　述語: ことでした

34、だれも そんな うわさは 信じていない。
主語: だれも　　述語: 信じていない

35、私の 兄は もう 高校を 卒業します。
主語: 兄は　　述語: 卒業します

問題五、36～44

36、やっと 終わったよ 夏休みの 宿題が。
 主語　　　　　　　　　述語

37、車窓から 見える 景色は、とても 美しい。
 主語　　　　　　　　　述語

38、ラジオの 時報が 正午を 正確に 告げた。
 主語　　　　　　　　　述語

39、みんなと 一緒に 私も 練習を 続けた。
 主語　　　　　　　　　述語

40、この えんぴつなら デパートで 売られていた。
 主語　　　　　　　　　述語

41、母は 朝は 食事の したくで いそがしい。
 主語　　　　　　　　　述語

42、きのうは 朝から 暖かい 春風が ふいていた。
 主語　　　　　　　　　述語

43、最初に 見た 映画が 一番 おもしろかった。
 主語　　　　　　　　　述語

44、先週の 金曜日は 私の 弟の たん生日だった。
 主語　　　　　　　　　述語

問題五、45〜53

45、動物の中では本当は象が一番強いのだ。
　主語：　　　　　　　　　述語：

46、人にとって正直こそもっとも大切です。
　主語：　　　　　　　　　述語：

47、何よりも大切なのはお互い信じ合うことだ。
　主語：　　　　　　　　　述語：

48、今度のマラソン大会には百人以上参加する。
　主語：　　　　　　　　　述語：

49、ぼくの家からは公園の桜がよく見える。
　主語：　　　　　　　　　述語：

50、きのうあなたの家にお客さんがきましたか。
　主語：　　　　　　　　　述語：

51、大きな川が大地をとうとうと流れている。
　主語：　　　　　　　　　述語：

52、たしか次郎君は続けて学級委員をしている。
　主語：　　　　　　　　　述語：

53、父は、ぼくが起きる前に会社に出かけた。
　主語：　　　　　　　　　述語：

問題五、54〜62

54、父から 電話が そろそろ 来るにちがいない。
主語：父から　述語：来るにちがいない

55、妹の 小さな 手が 上手に ピアノを 弾く。
主語：手が　述語：弾く

56、公園の すみに 子犬が 一匹 すてられていた。
主語：子犬が　述語：すてられていた

57、今日は 朝から 雨が しとしと 降っている。
主語：雨が　述語：降っている

58、あらゆる 動物の 中で、クジラが 最も 大きい。
主語：クジラが　述語：大きい

59、君たちの 次の 新しい 先生だよ、この方が。
主語：この方が　述語：先生だよ

60、さわやかな 風が 静かに 私の ほほを 横切った。
主語：風が　述語：横切った

61、久しぶりに いとこが ぼくの 家に 遊びに 来た。
主語：いとこが　述語：来た

62、人口の 集中こそ 大都会の 大きな 問題点です。
主語：集中こそ　述語：問題点です

問題五、63～71　　　　　　　　　　　　年　月　日

63、子どもたちは 今日も 楽しそうに 遊んでいる。
主語：子どもたちは　　述語：遊んでいる

64、祖父は 戦争の ことを しみじみと 話してくれた。
主語：祖父は　　述語：話してくれた

65、有名な 画家が 描いた 絵が 新たに 見つかった。
主語：絵が　　述語：見つかった

66、ぼくが 描いた 絵が、学校で 一番だと 言われた。
主語：絵が　　述語：言われた

67、君の 打った 球は、柵を 越えて 川に 飛びこんだ。
主語：球は　　述語：飛びこんだ

68、その 山には たくさんの けものたちが 住んでいる。
主語：けものたちが　　述語：住んでいる

69、妹は 海岸で、七色に 光る 美しい 石を 見つけた。
主語：妹は　　述語：見つけた

70、来週の 金曜日には フランスから 兄が 帰って来る。
主語：兄が　　述語：帰って来る

71、ぼくには その 犬の 気持ちが 痛いように わかる。
主語：気持ちが　　述語：わかる

問題五、72〜78

72、広々とした草原を一匹のウサギが走って行った。
主語 [　一匹のウサギが　] 述語 [　走って行った　]

73、バラはとても美しいが、するどいトゲを持つ。
主語 [　バラは　] 述語 [　持つ　]

74、となりのワンちゃんは、いつもとことこ歩いている。
主語 [　ワンちゃんは　] 述語 [　歩いている　]

75、ぼくが出かけたあと、妹もすぐに出かけたようだ。
主語 [　妹も　] 述語 [　出かけたようだ　]

76、さまざまな意見を聞くことはとても良いことだ。
主語 [　聞くことは　] 述語 [　ことだ　]

77、宿題の最後にいつも難しい問題だけ残ってしまう。
主語 [　問題だけ　] 述語 [　残ってしまう　]

78、机の下にけしごむのかすがいっぱい落ちている。
主語 [　かすが　] 述語 [　落ちている　]

問題五、79〜85

79、木の葉の 色の 変化は 秋の おとずれを 感じさせる。
主語 [　　　　　　　　　] 述語 [　　　　　　　　　]

80、花子さんは もっと 有名な ピアニストに なるだろう。
主語 [　　　　　　　　　] 述語 [　　　　　　　　　]

81、今は 小さな 君たちだって じきに 大きくなって 私を 追い越すのだよ。
主語 [　　　　　　　　　] 述語 [　　　　　　　　　]

82、あでやかな 衣装を 身に つけた 女性たちが、楽しそうに おどっている。
主語 [　　　　　　　　　] 述語 [　　　　　　　　　]

83、夕焼けの 次の 日は 良い 天気に なると 言われている。
主語 [　　　　　　　　　] 述語 [　　　　　　　　　]

84、ぼくは、とんびが 大空を ゆうゆうと 飛んでいるのを 見た。
主語 [　　　　　　　　　] 述語 [　　　　　　　　　]

85、年老いた 母の 手を 引いた むすこが、ゆっくりと 川べりを 歩いて行った。
主語 [　　　　　　　　　] 述語 [　　　　　　　　　]

テスト二、次の各文から主語、述語を見つけ、書きぬいて答えなさい。

（各10点×10）

□点（合格80点）

1、今度の 日曜日の 夜に 開かれますよ、村の 盆おどりは。
主語 □　　述語 □

2、母は 海で ひろった 貝がらで、首かざりを 作りました。
主語 □　　述語 □

3、新型の ジェット機の 機体は、日本の 特殊な 技術で 作られている。
主語 □　　述語 □

4、きらいな 本でも 努力して 読むことが、読書力を 高める 方法だ。
主語 □　　述語 □

5、今までは 毎年 咲いていた 花が、今年は 一輪も 咲かなかった。
主語 □　　述語 □

テスト二 6〜10 年 月 日

6、港で 汽笛を 鳴らしている あの 船が ぼくたちの 乗る 船だ。
主語 [あの船が] 述語 [船だ]

7、長い間 合わないうちに すっかり 歳を とってしまった 私の 父も。
主語 [私の父も] 述語 [とってしまった]

8、ぼくが 立っている 場所こそ、この 町で 一番 景色の 良い 場所だ。
主語 [場所こそ] 述語 [場所だ]

9、どれも すばらしいなあ、この カメラマンの 撮った 写真は。
主語 [写真は] 述語 [すばらしいなあ]

10、お腹を すかせた オオカミが えものを じっと ねらっている。
主語 [オオカミが] 述語 [ねらっている]

問題六、1〜8

問題六、次の各文から主語・述語を見つけ、書きぬいて答えなさい。ただし、ない場合は「×」を書きなさい。

1、ぼうや、こちらにおいで。
　主語 _____　述語 _____

2、象が長い鼻をふりまわした。
　主語 _____　述語 _____

3、やっと春めいてきたね。
　主語 _____　述語 _____

4、さあ、みんなで走ろう。
　主語 _____　述語 _____

5、さあ、みんなで…。
　主語 _____　述語 _____

6、どれが私たちのとまる旅館ですか。
　主語 _____　述語 _____

7、では、さようなら。
　主語 _____　述語 _____

8、サッカーの試合の結果は？
　主語 _____　述語 _____

問題六、9〜17

9、あれ、今日は三郎は？
主語 [　　　　　　　]　　述語 [　　　　　　　]

10、どれが君の買った新しい自転車？
主語 [　　　　　　　]　　述語 [　　　　　　　]

11、彼こそ英雄の中の英雄と言える男だ。
主語 [　　　　　　　]　　述語 [　　　　　　　]

12、では また来年に会いましょう。
主語 [　　　　　　　]　　述語 [　　　　　　　]

13、良いお年をお迎え下さい。
主語 [　　　　　　　]　　述語 [　　　　　　　]

14、最新のスポーツカーが風を切って走る。
主語 [　　　　　　　]　　述語 [　　　　　　　]

15、あなたの好きな食べ物は。
主語 [　　　　　　　]　　述語 [　　　　　　　]

16、今日の野球の試合はどうだっただろう。
主語 [　　　　　　　]　　述語 [　　　　　　　]

17、君の名前は何ですか。
主語 [　　　　　　　]　　述語 [　　　　　　　]

問題六、18〜26

18、そのかわいい猫の名前は。
　主語：　　　　　　　　述語：

19、かつて見たことのないすばらしい絵だ。
　主語：　　　　　　　　述語：

20、今度は絶対に百点をとるぞ。
　主語：　　　　　　　　述語：

21、彼の考え方はだれにも理解できないだろう。
　主語：　　　　　　　　述語：

22、山の上のあの白い建物は？
　主語：　　　　　　　　述語：

23、くやしいでしょう、力を出しきれずに負けたなら。
　主語：　　　　　　　　述語：

24、本当に信じていいのだろうか、君の話は。
　主語：　　　　　　　　述語：

25、あれ、ここにおいておいたぼくのゲームは？
　主語：　　　　　　　　述語：

26、風がゆらす古い窓を明日は修理しよう。
　主語：　　　　　　　　述語：

問題六、27〜35

27、きれいだなぁ、山小屋から見る星は。
主語　[　　　　　　　　　]　述語　[　　　　　　　　　]

28、山に住んでいる仙人に出会った。
主語　[　　　　　　　　　]　述語　[　　　　　　　　　]

29、今度の休みにはお母さんとケーキを作ります。
主語　[　　　　　　　　　]　述語　[　　　　　　　　　]

30、ねえ、なぜそんなことをしたのですか。
主語　[　　　　　　　　　]　述語　[　　　　　　　　　]

31、なにか足りないものがあると思う。
主語　[　　　　　　　　　]　述語　[　　　　　　　　　]

32、あなたのご出身は？
主語　[　　　　　　　　　]　述語　[　　　　　　　　　]

33、そんなに早い時間なら起きられないかなぁ。
主語　[　　　　　　　　　]　述語　[　　　　　　　　　]

34、かきねの向こうに見える花が見事だ。
主語　[　　　　　　　　　]　述語　[　　　　　　　　　]

35、しかられる前に、さっとかたづけよう。
主語　[　　　　　　　　　]　述語　[　　　　　　　　　]

問題六、36〜44

36、雨でも 降りそうな 具合に なってきたね。
主語 □　述語 □

37、二月から 三月にかけて だんだんと 暖かくなる。
主語 □　述語 □

38、疲れたら 少し 休めば いい。
主語 □　述語 □

39、私の 母は 十年以上 百貨店で 働いています。
主語 □　述語 □

40、考えられる 方法は 全て やりました。
主語 □　述語 □

41、順番に 並んで下さい、後から 来る 人の ために。
主語 □　述語 □

42、そうじを なまけたので ろうかに 立たされた。
主語 □　述語 □

43、今日の 授業で、たいへん 難しい ことを 習った。
主語 □　述語 □

44、教室を 走って 出て行った たかしくんは どこ。
主語 □　述語 □

問題六、45～53 　　　　年　月　日

45、もっと はっきりと 話しましょう。
主語 [　　　　　] 述語 [　　　　　]

46、秋には 山では 木々の 葉が 色づき始める。
主語 [　　　　　] 述語 [　　　　　]

47、明日の 遠足を わくわくしながら 待っている。
主語 [　　　　　] 述語 [　　　　　]

48、どうか その 亀を 助けて下さい。
主語 [　　　　　] 述語 [　　　　　]

49、ついうとうとしてしまった、本を 読みながら。
主語 [　　　　　] 述語 [　　　　　]

50、使い終わった 茶わんは 流しに 出しましょう。
主語 [　　　　　] 述語 [　　　　　]

51、風の 日は 木々の ざわめきで 眠れない。
主語 [　　　　　] 述語 [　　　　　]

52、今月中に 必ず 課題を 提出しなさい。
主語 [　　　　　] 述語 [　　　　　]

53、秋に なると 少し さびしくなる。
主語 [　　　　　] 述語 [　　　　　]

問題六、54〜62

54、この作家の作品を全部読んだ。
主語　　　　　　　述語

55、今度の日曜日に船で離れ島に渡ります。
主語　　　　　　　述語

56、君が公園で会った人はぼくのおじさんだ。
主語　　　　　　　述語

57、トレーニングで全身がずきずきと痛い。
主語　　　　　　　述語

58、あれここにかざってあった写真は？
主語　　　　　　　述語

59、私はあなたの意見はいかがものかと。
主語　　　　　　　述語

60、宿題を人にやってもらうのはよくない。
主語　　　　　　　述語

61、空には白い雲がぽっかりとうかんでいる。
主語　　　　　　　述語

62、君を一目見ただけでぼくは…。
主語　　　　　　　述語

問題六、63〜70

63、だれか 困っている 人を 助けようと 思う 者は？
主語 [　　　　　]　述語 [　　　　　]

64、今日は 友だちと 裏山まで 行ってきます。
主語 [　　　　　]　述語 [　　　　　]

65、そのうわさは ぼくは たしか けんじくんから…。
主語 [　　　　　]　述語 [　　　　　]

66、明日は 決して 時間に 遅れないように 来て下さい。
主語 [　　　　　]　述語 [　　　　　]

67、今日こそは 課題を 完成させるだろう、太郎だって。
主語 [　　　　　]　述語 [　　　　　]

68、この 会場は 広いので たぶん 全員 入れるだろう。
主語 [　　　　　]　述語 [　　　　　]

69、あの 背の 高い 人が、私の 友だちの お姉さんです。
主語 [　　　　　]　述語 [　　　　　]

70、そのお話については、あなただけ 本当のことを 知っているでしょう。
主語 [　　　　　]　述語 [　　　　　]

問題六　71〜77

71、その お話なら 昨日 確かに 母から 聞いております。

　主語 ☐　　述語 ☐

72、結局 だれも 来ないのに、一人で ずっと 待ち続けていた。

　主語 ☐　　述語 ☐

73、たとえ それが 本当でも 決して 口に 出しては いけない。

　主語 ☐　　述語 ☐

74、あの 村の 水は、きれいな 空気と おいしい 水だと 言われている。

　主語 ☐　　述語 ☐

75、かの女の 気持は 時間が たつに つれて だんだんと…。

　主語 ☐　　述語 ☐

76、いつも 元気な 山田君でも かぜを ひいた 時は つらそうだ。

　主語 ☐　　述語 ☐

77、今度の テストの 前に、練習の プリントを 配ります。

　主語 ☐　　述語 ☐

問題六、78〜84　　　　年　月　日

78、来年から ぼくたちの 学校は 新しい 場所に 移転する。
主語 [　　　　　　　] 述語 [　　　　　　　]

79、なぜか 私の 家には、いつも たくさんの 小鳥が 集まって来る。
主語 [　　　　　　　] 述語 [　　　　　　　]

80、あれ 昨日まで 残っていた、おばさんが 作ってくれた ケーキは？
主語 [　　　　　　　] 述語 [　　　　　　　]

81、弟と 魚が 底まで 全部 見えるような きれいな 湖で、いっしょに 泳いだ。
主語 [　　　　　　　] 述語 [　　　　　　　]

82、向こうに 立っている 女の人が、昨日 お話しした 田中さんです。
主語 [　　　　　　　] 述語 [　　　　　　　]

83、かわいい 小鳥を 友だちの おねえさんに 見せてもらった。
主語 [　　　　　　　] 述語 [　　　　　　　]

84、足が 痛いのを がまんして、次郎は それでも 歩き続けました。
主語 [　　　　　　　] 述語 [　　　　　　　]

テスト三 1〜5

テスト三、次の各文から主語、述語を見つけ、書きぬいて答えなさい。ただし、ない場合は「×」を書きなさい。

（各10点×10）

□点（合格80点）

1、あれ、君が もってきた 新しい かばん？
主語 □ 　述語 □

2、それは ぼくが 飼っている 犬の ポチだ。
主語 □ 　述語 □

3、さあ 出かけよう、あの 山の 向こうの 草原へ。
主語 □ 　述語 □

4、昼でも うす暗い 森の 奥で 友だちと はぐれてしまった。
主語 □ 　述語 □

5、昨日の 夜の 夢は、とても 口に 出せないほど 体が ふるえるような…。
主語 □ 　述語 □

テスト三 6〜10　　　　　　　　年　月　日

6、あなたは 聞きましたか、あの 恐ろしい 話を。
主語　　　　　　　　　　述語

7、今日は 私が かぜを ひいたので、母は 暖かい スープを 作ってくれた。
主語　　　　　　　　　　述語

8、こんにちは、今 海辺の 宿から お手紙を 書いています。
主語　　　　　　　　　　述語

9、多くの 苦労を 乗りこえて、みんなは 学芸会を 成功させました。
主語　　　　　　　　　　述語

10、生徒たちは 工作が 終わると、すぐに よごれが 広がらないように、そうじを 始めた。
主語　　　　　　　　　　述語

解答 4～10ページ　　　年　月　日

解答 （句読点や？は、書いてあっても書いてなくても良い）

4ページ
問題1
1、鳴く　2、はえる　3、走っている

5ページ
問題4
4、輝いて見えます　5、はきます　6、ぬぎます　7、ふっています　8、していた　9、さわいだ　10、行った　11、すきだ　12、たかった　13、すわりますか　14、ぬいだ　15、たまる

6ページ
問題16
16、起きられない　17、しなかった　18、書きません　19、会いませんでしたか　20、こなかった　21、またせた　22、およがなかった　23、ならない　24、しけつ　25、散歩した　26、こまりました　27、すてていません

7ページ
問題28
28、建たなかった　29、くらい　30、白くない　31、はやかった　32、赤くなっていません　33、しかった　34、高くておいしかった　35、遠くない　36、広かった　37んで　38、さむい　39、長い・黒い

8ページ
問題40
40、軽い　41、努力して　42、楽しく　43、おもしろくありません　44、三郎だ　45、富士山だ　46、ぶつかって　47、わらいました　48、ん　49、雪国だ　50、夢だった

9ページ
問題51
51、医者　52、せん　53、雨でした　54、あります　55、で優秀ではありません

10ページ
問題1
1、買いずんでいる　2、×　3、長崎だよ　4、×　5、だれ　6、ましたか　7、×食べる　8、思いやりだ　9、清らかでない　10、長いの　11、×

解答 11〜20ページ

年　月　日

11ページ 問題二
1. 趣味だ
2. 泣いている
3. どうだったろうか
4. あなたですか
5. ×
6. 飲まない
7. だれですか
8. 笑った
9. ×
10. 水で
11. 落ちていますよ

12〜14. （略）
15. 〜 21. （略）

12ページ 問題二
22. どうしてしまったのでしょう
23. どんなゆうえいではありませんでした
24. ありませんでした
25. （略）

16ページ 問題三（「主語・述語」の順で）
1. 鳥が　飛ぶ
2. 音楽は　しずかだ
3. 赤ちゃんが　眠っている
4. 風が　ふいている
5. ×
6. 絵は　どうでしたか
7. 太陽が　輝いている
8. 父は　飲まないよ

17ページ 問題三（「主語・述語」の順で）
9. 弟が　泣き出した
10. かす×
11. 花が　さいていた
12. やつたものは　だれですか
13. ×きました
14. ちゃんが　笑っていますね
15. ×
16. 雪が　×
17. ×見ました下さい

18ページ 問題三（「主語・述語」の順で）
18. 練習×し×た
19. 彼女は　話しているのは　だれですか
20. ×
21. あすは　会います
22. ×
23. 今日は（×）雨だった
24. ×はなやかだった
25. （略）
26. 望みは　あす×

19ページ 問題三（「主語・述語」の順で）
27. 読んだよ
28. 宿題だれ×
29. 青山は　高い
30. ×
31. 目的地は　岡山
32. さわやかだ
33. 朝×のばりました
34. は×

20ページ 問題三（「主語・述語」の順で）
35. それは　長く×
36. かなり×ですが
37. 私は　足で×した
38. ぼくは　学生だった
39. あたらかく×ありません
40. ×して
41. やわらかい
42. 軽くて
43. ケーキは　うまそうだ
44. ×かった

解答 21〜30ページ　　　年　月　日

21ページ
問題三（「主語 述語」の順で）
1、大通りは にぎやかだ
2、友だちが 泣いている
3、次郎は 幸せです
4、湖は 琵琶湖だ
5、順ではあるれ
6、買い物は 5250円だ
7、ラインオンが ほえる
8、大切なのは 努力だ
9、イオが すやすやだっ
10、夢だろう

22ページ
テスト一（「主語 述語」の順で）
1、お祭りが はなやかだ
2、紅葉が 美しい
3、花は ×
4、花ぞえ 楽しませる
5、よいんも 続いている

23ページ
テスト一（「主語 述語」の順で）
6、どれが 好みですか
7、好みは どれですか
8、太郎君は 来たかな
9、× 遊ぼう
10、おやつは ×

25ページ
問題四（「主語 述語」の順で）
1、人は 友人だ
2、泳いでいるのが 見えた
3、電話が かかってきた

26ページ
問題四（「主語 述語」の順で）
4、人気が ある
5、評判が 高い
6、電車は 速かった
7、音が 聞こえてきた
8、かばんは すてきだ
9、ケーキは ×
10、こどもが 書いてあるる

28ページ
問題五（「主語 述語」の順で）
1、気温は どれですか
2、話は だれのだ
3、妹も 努力した
4、そればんは ありますか
5、だろう
6、それ 自転車だな
7、かぞれは 暑いだよう
8、猫が 歩く

29ページ
問題五（「主語 述語」の順で）
9、夏は 暑い
10、こだまが 答えよ
11、音が やって来る
12、星は きれいだ
13、梅雨は 行き過ぎた
14、
15、雨が 降るそうだ
16、こそ 作曲家だ
17、白鳥が 鳴らした
心地よい船は

30ページ
問題五（「主語 述語」の順で）
18、家族で 笑った
19、注意するのは 当然だろう
20、ストレスが たまる
21、富士山が 見える
22、先生が 読んでいる
23、果物は みずみずしい
24、 魅力だ
25、ぺこぺこが
26、物語が 認められた

解答 31〜37ページ

31ページ 問題一（「主語」「述語」の順で）

27、これが 使命だ
30、試合だ
33、こと
28、父が 来るそうだ
31、ゆりも 話して いた
29、だれも 信じて いない
32、あなたも 行きませんか
34、みんな 卒業します
35、兄は 終わる

32ページ 問題一（「主語」「述語」の順で）

36、宿題が 終わった
39、母は おもしろい
41、私も 続けよう
43、映画が よかった
37、えんぴつなら 売ってくれる
40、景色は 美しい
38、時報が 告げた
42、春風が ふく
44、金曜日は 生日だった

33ページ 問題一（「主語」「述語」の順で）

45、百象が 流れている
48、強い
51、人以上 参加する
46、のだ
49、正直さが 大切です
52、次郎君は 見えている
47、お大事なのは 信じ合うことだ
50、お客さんが 出かけられた
53、父は 信じて いた

34ページ 問題一（「主語」「述語」の順で）

54、電話が 横切って いる
57、風雨が 降って来る
60、がいた
55、ラジオが 弾く
58、なくラ
61、チキンが 大きい
56、その子 来た
59、集中しても すでに 点で
62、そ方が 先生だよ

35ページ 問題一（「主語」「述語」の順で）

63、絵子ども 気持ちが わかる
66、い に住んで いる
68、たちは 遊んで いる
71、けものが （ぼくが）見つけた
64、絵が ある
67、球は 飛んで 帰って来る
69、妹は 見つけた
70、兄が
65、祖父は 話し

36ページ 問題一（「主語」「述語」の順で）

72、サギが 走って行った
75、ツ 出かけたようだ
77、妹も 問題だけ 残っているでしょう
73、バラは 持つ
76、聞かすと 落ちている
78、ワンちゃんは 歩いている
74、

37ページ 問題一（「主語」「述語」の順で）

79、感じさせる
81、君は 言われている
83、日変化は 追い越す
80、の
82、花子よ、ぼくは 見た
84、女性だ
85、むすこが 歩いて行った

M.access　- 55 -　主語・述語専科

解答 38～44ページ　　　年　月　日

38ページ

テスト二　(「主語　述語」の順で)

1、盆おどりは開かれます　2、読む方法だ　3、母は作りました　5、花が咲かなかった　6、機体がなっている　4、(空欄)

39ページ

テスト三　(「主語　述語」の順で)

6、船がだ　9、写真はすばらしい　7、父もとっても　10、オオカミがねらっている　8、場所こそ場所だ

40ページ

問題六　(「主語　述語」の順で)

1、×　おいで　2、象がふりまわした　3、旅館ですが　4、×　走ろう　5、×　×　6、どれが　7、×　×（「さようなら」＝「そういうことならば（残念ですが）お別れしましょう」）　8、結果は　×

41ページ

問題六　(「主語　述語」の順で)

9、三郎は×　10、×どう　11、彼こそ　12、食べ物は×　13、×お迎えに　14、スポーツカーが走る　15、×会いましょう　16、試合はどうだったろう　17、名前は何ですか

42ページ

問題六　(「主語　述語」の順で)

18、名前だ　19、絵だ　20、×　21、ゲームは×　22、建物は×　23、×にくいやしい（考え方）でしょう　24、話は×　25、×　26、×修理しよう

43ページ

問題六　(「主語　述語」の順で)

27、星はだれだ　28、×　29、作ります　30、×起きしたらいいですか　31、×あの　32、見事だ　33、×出会う　34、思う花が　35、×出身はかけよう

44ページ

問題六　(「主語　述語」の順で)

36、働いてくれています　37、×の　38、×いい　39、×立たされています　40、×　41、×並んで下さい　42、母はなった　43、暖やかだ　44、習った

解答 45〜51ページ

45ページ 問題六 （「主語 述語」の順で）

46、×××
51、眠れない
48、助け
45、話し
5、よう 52、×
×4946の葉が
×提出しなさい
53、×
×50、×
47、×呼び
×してくるよう
×出待っている

46ページ 問題六 （「主語 述語」の順で）

62、ぼくや
60、全身が
57、×
54、読んでも
×つらい
はては痛い
55、×
58、×の
よく写真は
×渡りなさい
×ます
61、雲が
59、56、私は
×おとうさんは
×おじさんが
×んでいる

47ページ 問題六 （「主語 述語」の順で）

70、お
68、全員
66、×入れて
63、×下さい
者は
なだけ
知っている
64、述語
つって
いる
67、×
×69、太郎
でしょう
行の
人が
お姉さんが
65、ぼく
完成させてです
だろう
×ます

48ページ 問題六 （「主語 述語」の順で）

76、×
74、山田君
71、にまで
×は
聞いても
言われても
つらい
そうだ
72、×の
7775、×気持ち
待ち
配り
続けます
ています
73、×
×
いけない

49ページ 問題六 （「主語 述語」の順で）

84、81、78、×学校
次郎は
×泳いだ
移転す
歩き
続けます
した
82、×
×の79、の
女の人が
小鳥が
田中さんが
集まって来る
83、×
×80、ケーキは
見せてもらった
×
×だ

50ページ テスト三 （「主語 述語」の順で）

4、1、×はんぐれて×しまった
2、それ
はは
の
5、夢ボチだ
3、×
×
出かけよう

51ページ テスト三 （「主語 述語」の順で）

10、8、6、あなたは
×聞きます
×書いて
生徒たちは
始めた
7、×が
9、みんなで
母は
成功させてくれた
ました

M.access 　　　　　　- 57 -　　　　　　主語・述語専科

M.access 学びの理念

☆学びたいという気持ちが大切です
　勉強を強制されていると感じているのではなく、心から学びたいと思っていることが子どもを伸ばします。

☆意味を理解し納得する事が学びです
　たとえば、公式を丸暗記して当てはめて解くのは正しい姿勢ではありません。意味を理解し納得するまで考えることが本当の学習です。

☆学びには生きた経験が必要です
　家の手伝い、スポーツ、友人関係、近所付き合いや学校生活もしっかりできて「学び」の姿勢は育ちます。
　生きた経験を伴いながら、学びたいという心を持ち、意味を理解、納得する学習をすれば、負担を感じるほどの多くの問題をこなさずとも、子どもたちはそれぞれの目標を達成することができます。

発刊のことば

「生きてゆく」ということは、道のない道を歩いて行くようなものです。「答」のない問題を解くようなものです。今までに人はみんなそれぞれ道のない道を歩き、「答」のない問題を解いてきました。

子どもたちの未来にも、定まった「答」はありません。もちろん「解き方」や「公式」もありません。

私たちの後を継いで世界の明日を支えてゆく彼らにもっとも必要な、そして今、社会でもっとも求められている力は、この「解き方」も「公式」も「答」もない問題を解いてゆく力ではないでしょうか。

人間のはるかに及ばない、素晴らしい速さで計算を行うコンピューターでさえ、「解き方」のない問題を解く力はありません。特にこれからの人間に求められているのは、「解き方」も「公式」も「答」もない問題を解いてゆく力であると、私たちは確信しています。

M.accessの教材が、これからの社会を支え、新しい世界を創造してゆく子どもたちの成長に、少しでも役立つことを願ってやみません。

国語読解の特訓シリーズ 三十九
文の組み立て特訓 主語・述語専科 新装版　（内容は旧版と同じものです）

新装版　第一刷
編集著者　M.access（エム・アクセス）
発行所　株式会社　認知工学
〒六〇四-八一五五　京都市中京区錦小路烏丸西入占出山町三〇八
電話（〇七五）二五六-七七二二　email : ninchi@sch.jp
郵便振替　〇一〇八〇-九-一九三六二　株式会社認知工学

ISBN978-4-86712-229-7　C-6381　　　N29160124K　　M

定価＝本体六〇〇円＋税

ISBN978-4-86712-229-7 C6381 ¥600E

定価:本体600円+消費税

M.access 認知工学

表紙の解答

主語　| 私は |
述語　| 食べませんでした。 |

「だれが？」「なにが？」に相当するのが「主語」です。
「だれが？」「なにが？」を考えると、主語がわかります。
『たべたのは　←　だれが』→ 食べませんでした『のか』ですから、『わたし』だとわかります。

＊今日は　私は、朝は　ごはんを　食べませんでした。